Oxford excellence for the Caribbean

¿Qué Hay?

Cuaderno 3

Second Edition

Nombre ....

OXFORD
UNIVERSITY PRESS

Lugares famosos del mundo hispano

Empareja correctamente el nombre del sitio turístico con su descripción y la foto que le corresponde.

i	1. Machu Picchu, Perú	a. Una región al sur de América del Sur, donde la naturaleza es reina.	....
ii	2. Las Ramblas de Barcelona, España	b. Una pirámide maya en la selva de Centro América.	....
iii	3. La Alhambra de Granada, España	c. Las aguas navegables más altas del mundo.	....
iv	4. Las Ruinas de Tikal, Guatemala	d. La antigua ciudad de los Incas	....
v	5. El Canal de Panamá, Panamá	e. Las cataratas más altas del mundo.	....
vi	6. El Salto del Ángel, Venezuela	f. Un vestigio romano impresionante preservado casi intacto.	....
vii	7. La Patagonia, Argentina	g. Un palacio árabe en el sur de España.	....
viii	8. El Acueducto de Segovia, España	h. Una calle de la ciudad catalana donde la gente da paseos.	....
ix	9. Las Islas Galápagos, Ecuador	i. Una ruta de gran importancia que une el Océano Pacífico con el Océano Atlántico.	....
x	10. El Lago Titicaca, Perú	j. Un archipiélago situado en el Océano Pacífico, quizás la region del mundo menos afectada por el hombre.	....

De vacaciones
En mi tiempo libre

Empareja cada frase con el dibujo apropiado.

En mi tiempo libre…
1. …salgo con los amigos.
2. …toco la guitarra en un grupo.
3. …saco fotos.
4. …escucho música.
5. …navego por la red.
6. …leo.
7. …voy al cine.
8. …practico deportes.

¿Qué haces tú? Escribe una frase para decir lo que haces, según los dibujos.

1.  _____

4.  _____

2.  _____

5.  _____

3. _____

6.  _____

tres 3

Los pasatiempos de la familia

Lee la carta, luego contesta las preguntas.

Carlos escribe una carta a su amigo en la que habla de los pasatiempos de su familia.

> Hola Javier,
>
> ¿Cómo estás amigo? Por aquí todo bien. No hay nadie en casa esta tarde porque todos están muy ocupados con sus actividades de los viernes.
>
> Mi papá está en su clase de tambor. Él asiste a esa clase todos los viernes porque quiere aprender a tocar el tambor muy bien. De verdad toca bien, pero a veces hace mucho ruido, así que en este momento, el silencio de la casa me gusta mucho.
>
> Mi mamá está con mi abuela hoy. Ellas siempre van de compras a la ciudad los viernes. A mi mamá le gusta mucho hacer las compras y hoy va a comprar algo para una fiesta que tiene este fin de semana.
>
> Mi hermano está en su práctica de fútbol. Él juega al fútbol todos los días. Es su pasión y quiere jugar algún día en el equipo nacional.
>
> Mi hermana está en el cine con sus amigas y después van a ir a cenar a una cafetería.
>
> Y yo estoy aquí. Cuando no hay nadie en casa, puedo relajarme. Generalmente navego un poco por la red y luego juego a algún videojuego.
>
> Cuéntame. ¿Qué hacen tus padres y tus hermanos como pasatiempos? ¿Qué haces tú?
>
> Escríbeme pronto.
>
> Tu amigo,
>
> Carlos

1. What is Carlos' father learning to do? _____
2. How often does he go to classes? _____
3. What is the disadvantage of his hobby? _____
4. Who has Carlos' mother gone shopping with? _____
5. What is the reason for their shopping expedition? _____
6. Who is playing football? _____
7. What is this person's ambition? _____
8. Where is Carlos' sister? _____
9. Who is she with? _____
10. What will she do afterwards? _____
11. What does Carlos generally do first when he is home alone? _____
12. Then, what does he do? _____

Los deportes

Busca los 21 deportes en la sopa de letras. Escribe una lista abajo.

n	l	s	n	w	n	x	t	n	j	p	v	l	o	a
k	ó	a	q	b	d	a	l	ó	u	r	k	o	e	l
o	p	i	u	u	u	p	r	i	d	a	o	b	h	p
e	t	c	c	a	y	t	c	o	e	m	t	í	i	
í	e	s	z	a	i	s	l	a	i	s	s	é	s	n
o	u	f	e	a	t	o	h	t	c	e	i	n	i	i
y	p	q	h	c	b	a	q	i	e	j	l	r	i	s
b	h	b	s	i	n	r	n	u	c	n	c	e	o	m
g	i	q	e	e	e	o	z	q	s	q	i	y	t	o
u	w	l	a	l	e	v	l	e	e	l	c	s	u	f
r	o	y	e	k	c	o	h	a	g	t	c	n	ú	q
v	o	b	é	i	s	b	o	l	b	t	a	t	a	r
y	p	i	r	a	g	ü	i	s	m	o	b	r	e	o
a	n	s	i	y	u	t	l	u	x	o	i	m	á	e
o	m	s	i	t	e	l	t	a	l	h	o	f	h	k

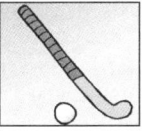

_____ _____ _____
_____ _____ _____
_____ _____ _____
_____ _____ _____
_____ _____ _____
_____ _____ _____
_____ _____ _____

Uno de los deportes ilustrados no está en la sopa de letras. ¿Cuál es?
_____

¿Qué haces?

Ejercicio 5

Escoge la alternativa correcta en cada frase.

1. Yo **practico/practica** ciclismo los fines de semana.
2. Mi mamá **trabajo/trabaja** en el jardín.
3. Mis hermanos **juega/juegan** en el equipo de fútbol del pueblo.
4. Mi hermano **ve/veo** la televisión cada noche.
5. ¿**Puedes/Puede** tú venir al cine mañana?
6. Mi papá **friego/friega** los platos por la tarde.
7. Nosotros **escribimos/escriben** mucho en la clase de historia.

Ejercicio 6

Completa el diálogo usando los verbos en el cuadro.

| jugamos   prepara   ayudo |
| trabaja   juego   practican |

– Hola, Marcos. ¿Qué haces esta tarde?
– Bueno, _____ al fútbol en el parque a las seis.
– ¿Y tu hermana?
– Ella _____ la cena en casa, porque mis padres _____ ciclismo con sus amigos, y mi abuela _____ en el jardín. ¿Y tú? ¿Qué haces?
– Salgo con Felipe. Nosotros _____ al criquet en la playa a las siete. ¿No quieres venir?
– No, gracias. No puedo, porque _____ a mi hermana.

Ejercicio 7

Completa las frases con la forma correcta del verbo entre paréntesis.

1. Mis padres _____ (hablar) con los abuelos todos los días.
2. Mi hermana _____ (empezar) a aprender español.
3. Yo _____ (jugar) a voleibol este fin de semana.
4. Mañana nosotros _____ (jugar) al fútbol, ¿no?
5. Nosotros no _____ (poder) salir. Esta noche, nosotros _____ (fregar) los platos porque nuestros padres van a salir.

¿A dónde vas?

Ejercicio 8

Completa las frases con la forma correcta del verbo *ir*.

1. Nosotros _____ al parque.
2. ¿Adónde _____ tú?
3. Yo _____ al cine.
4. ¿Cómo _____ usted al colegio, señor Martín?
5. Mis padres _____ de compras el sábado.
6. Laura _____ a casa de sus amigas.
7. Ustedes _____ muy rápido.
8. El profesor _____ al aula.

Ejercicio 9

El director del colegio escribe una carta a los padres en la que habla de un viaje escolar que van a hacer. Lee el texto y contesta las preguntas.

VOCABULARIO
la selva — jungle, forest

Estimados padres:

Este año vamos a hacer un viaje escolar a Costa Rica desde el 12 de mayo hasta el día 19. El avión va a salir a las nueve de la mañana, y vamos a volver al aeropuerto a las cuatro el día 19. Voy acompañado con dos profesores.

Vamos a visitar muchos sitios de interés en Costa Rica, la capital San José y la selva tropical. Los alumnos van a hacer una investigación del ecosistema de la selva en el centro ecológico de La Fortuna, que es donde vamos a alojarnos.

Va a ser una experiencia inolvidable para los alumnos. Les va a gustar mucho.

Les saluda atentamente

Raúl Hernández
Director

1. ¿Qué va a pasar?
   a. Los padres van a ir a Costa Rica.
   b. Todos los profesores van a ir a Costa Rica.
   c. Los alumnos van a ir a Costa Rica.
   d. Van a ir a la escuela.

2. ¿Quiénes van a acompañar el viaje?
   a. El director.
   b. El director y los padres.
   c. El director y dos maestros más.
   d. El director y su familia.

3. ¿Qué van a hacer los alumnos en La Fortuna?
   a. Van a investigar la capital.
   b. Van a visitar San José.
   c. Van a estudiar la selva.
   d. Van a olvidarlo.

4. ¿Dónde van a alojarse?
   a. En San José.
   b. En La Fortuna.
   c. En el centro de la capital.
   d. Con el director.

De viaje

¿Cómo viajas, y por qué?

Escoge la alternativa correcta en cada frase.

1. Me gusta viajar **en avión/en barco** porque es rápido.
2. Voy al colegio a pie porque es **caro/económico**.
3. Vamos de vacaciones **en carro/en autobús** porque es práctico.
4. Mis abuelos van a casa **en taxi/en tren** porque es más barato.
5. Los chicos van a la ciudad en bicicleta porque es **aburrido/divertido**.

Lee el anuncio sobre el transporte ecológico. Luego contesta las preguntas.

Del 12 al 16 de mayo – semana ecológica
Es la semana para dejar el carro en el garaje.

Vamos al colegio a pie...
en bicicleta...
en transporte público.

Ayúdamos a mantener el aire limpio

VOCABULARIO
limpio — clean

1. ¿Qué pasa entre el 12 y el 16 de mayo?
   a. Un día ecológico.
   b. Una semana para los ecológicos.
   c. Una semana con carros.
   d. Una semana de mal tiempo.

2. ¿Qué ponen en el garaje?
   a. El autobús.
   b. La bicicleta.
   c. El carro.
   d. Los pies.

3. ¿Por qué no usan el carro?
   a. Porque es caro.
   b. Porque es bueno para los pies.
   c. Porque es bueno para el garaje.
   d. Porque es bueno para el aire.

El horario

  Estudia el horario. Luego empareja cada pregunta con la respuesta adecuada.

SALIDAS DESDE MIAMI		
DESTINO	SALIDA	LLEGADA
Bogotá	9 a.m.	1 p.m.
Caracas	9.30 a.m.	12.55 p.m.
Buenos Aires	10.10 a.m.	4.40 p.m.

1. ¿A qué hora sale el avión para Bogotá?
2. ¿Cuándo sale el avión para Buenos Aires?
3. ¿A qué hora llega el avión de las nueve y media?
4. ¿Cuándo llega el avión para Bogotá?
5. ¿A qué hora sale el avión para Caracas?
6. ¿A qué hora llega el avión de las diez y diez?

a. A las diez y diez.
b. A las nueve y media.
c. A las nueve.
d. A la una.
e. A las cuatro y cuarenta.
f. A la una menos cinco.

a. Imagina que estás en la estación de autobuses en La Habana. Quieres ir a Cienfuegos por la tarde. Quieres saber la hora que sale y cuándo llega el autobús. ¿Qué preguntas? ¿Qué contestan?

| La Habana | 8 a.m. | 9.30 a.m. | 3 p.m. |
| Cienfuegos | 10.30 a.m. | 11.30 a.m. | 5.30 p.m. |

" "
" "

b. Imagina que estás en el aeropuerto de Asunción en Paraguay. Quieres ir a Montevideo en Uruguay por la mañana. Quieres saber la hora que sale y cuándo llega el avión. No oyes bien el anuncio. ¿Qué preguntas? ¿Qué contestan?

"Salida del vuelo de las ocho y media para Montevideo, puerta número 8. Este avión llega a las nueve y veinticinco."

" "
" "

En la agencia de viajes

Ordena las frases correctamente en esta conversación en la agencia de viajes.

a. ¿A qué hora llegan?
b. Prefiero el vuelo de la mañana.
c. De ida y vuelta por favor, pero no sé cuándo voy a volver.
d. Muy buenas, ¿en qué puedo servirle? | 1 |
e. Bueno, sábado, 6 de septiembre.
f. Muy bien, el vuelo de la mañana. ¿Quiere un boleto de ida y vuelta o sólo de ida?
g. Muy bien. Vamos a ver. El sábado hay dos vuelos. Uno sale a las diez de la mañana y el otro a las dos de la tarde.
h. Sí, ¡cómo no! ¿Cuándo quiere viajar?
i. El primero a las doce y media y el segundo a las cuatro y media.
j. Quiero ir a Bolivia.

Ejercicio 6

Quieres ir de tu país a Ciudad de México por una semana en agosto, con tus padres y tu hermano de doce años. Tú compras un boleto de avión en internet. Rellena los espacios en blanco para completar tu reserva.

Reserve un vuelo

Desde ▼

A ▼

Salida ▼

Regreso ▼

Número de pasajeros
▼ Adultos
▼ Niños

MOSTRAR VUELOS
09:30 ▼

SELECCIONAR VUELOS

Precio del vuelo
$132 ▼

Más tasas y cargos por adulto/niño
$33 ▼

Importe total
$165 ▼

En el aeropuerto

Ejercicio 7

Escoge el letrero correcto para nombrar los distintos lugares en los dibujos del aeropuerto.

a. Llegadas
b. Puerta de embarque
c. Tiendas libres de impuestos
d. Control de pasaportes
e. Salidas
f. Aduana
g. Chequeo

1. ☐ 
2. ☐ 
3. ☐
4. ☐ 
5. ☐ 
6. ☐
7. ☐

Ejercicio 8

Rellena esta tarjeta de inmigración.

NOMBRE: ....
FECHA DE NACIMIENTO: ....
LUGAR DE NACIMIENTO: ....
NACIONALIDAD: ....
COLOR DE OJOS: ....
COLOR DE PELO: ....
ESTATURA: (alto/a, bajo/a, mediano/a) ....
DIRECCIÓN: ....
FIRMA: ....

once 11

Quisiera ir a...

Ejercicio 9

Lee estos dos anuncios. Luego escribe dónde te gustaría ir, y por qué. ¿Por qué prefieres un destino al otro?

¿Te gustaría visitar las Islas Galápagos?

• • • • • • •

¿Te gusta ir en crucero? ¿Eres aficionado a la naturaleza? Las Islas Galápagos son el destino ideal.

• • • • • • •

¡Viaja con nosotros a estas islas fascinantes!

---

* ¿Te fascina la historia?
* ¿Te gustan las ciudades?
* ¿Te gusta visitar museos arqueológicos?
* ¿Quieres ver las pirámides aztecas?
* ¡Ciudad de México es el destino para ti!

Ejercicio 10

Diseña un anuncio parecido para un viaje a una isla hispana en el Caribe.

Palabras relacionadas

De viaje es el nombre de esta unidad. *El viaje, viajar, el viajero* – todas estas palabras tienen la misma raíz. Lee la Unidad 2 y busca palabras relacionadas con las palabras siguientes (con la misma raíz).

(la) conversación

aburrirse

comer

(el) teléfono

ir y volver

volar

(la) preferencia

salir

llegar

cruzar

(el) turismo

soñar

(el) deporte

(la) explicación

chequear

embarcar

esperar

inmigrar

nacer

visitar

¿Por dónde se va?

En la oficina de turismo

Escoge la publicación más apropiada para contestar a cada pregunta del turista.

1. ¿A qué hora sale el tren para Toledo?
2. ¿Qué hay de interés en esta ciudad para el turista?
3. ¿Dónde está la estación de trenes?
4. ¿Hay un buen hotel por aquí?
5. ¿Qué hay que ver en la región?
6. ¿Tiene un libro con detalles de todo el país?

a. *Un plano de la ciudad*
b. **Una guía de los sitios de interés nacionales**
c. *Un folleto turístico de la ciudad*
d. **Un mapa de la región**
e. ***Un horario de trenes***
f. **Una lista de hoteles**

Quieres información turística sobre una ciudad y una región que quieres visitar. Escribe una carta a la oficina de turismo para pedir varias publicaciones. Quieres el nombre y la dirección de un hotel céntrico, y quieres saber lo que hay para los jóvenes en la ciudad.

domingo, 3 de julio
Estimado Señor:

Voy a…

Le saluda atentamente

Unidad 3 ¿Por dónde se va?

Algunos lugares del pueblo

Completa este crucigrama de los lugares del pueblo.

HORIZONTALES

4.   5.   11.  12.   13.   14.

VERTICALES

1.
2.
3.
6.
7. M
8.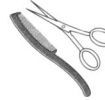
9.
10. H
11.

quince 15

¿Hay un(a)... por aquí?

Mira el plano. ¿Las frases son verdaderas (✓) o falsas (✗)?

1. El centro comercial está entre la biblioteca y el supermercado. ☐
2. El hotel está al lado del cine. ☐
3. El parque está lejos de la piscina. ☐
4. La oficina de correos está cerca de la bolera. ☐
5. El estadio está enfrente del teatro. ☐
6. El banco está en la plaza. ☐

Descifra las palabras de los lugares en el pueblo.

1. ¿Hay una **naifico ed reosroc** por aquí? _____
2. ¿Hay un **quaper** por aquí? _____
3. ¿Hay una **asegili** por aquí? _____
4. ¿Hay un **nocter olccamire** por aquí? _____
5. ¿Hay una **cabiletibo** por aquí? _____

Ahora contesta las preguntas del Ejercicio 5 con referencia al plano del Ejercicio 4, diciendo dónde se encuentran los lugares mencionados.

1. _____
2. _____
3. _____
4. _____
5. _____

¿Por dónde se va a...?

Estás en la oficina de turismo. Tú oyes las siguientes instrucciones. ¿Adónde te llevan?

1. Salga de la oficina de turismo, vaya a la derecha. Tome la primera a la derecha. Está al final a la izquierda.
   _____

2. Salga de la oficina de turismo, vaya a la derecha. Siga todo recto. Está al final a la izquierda.
   _____

3. Salga de la oficina de turismo, vaya a la derecha. Tome la tercera a la derecha. Está al final a la derecha.
   _____

4. Salga de la oficina de turismo, vaya a la derecha. Tome la primera a la derecha, y luego la primera a la izquierda. Está al final a la derecha.
   _____

5. Salga de la oficina de turismo, vaya a la derecha. Tome la segunda a la izquierda. Está al final a la derecha.
   _____

Imagina que estás en la oficina de turismo. Contesta estas preguntas con referencia al plano del Ejercicio 7.

1. ¿Por dónde se va a la peluquería? _____
   _____

2. ¿Por dónde se va al buzón? _____
   _____

3. ¿Por dónde se va al dentista? _____
   _____

¡Dime!/¡Dígame!

Escoge el imperativo correcto para completar los diálogos.

1. – Señor, por favor, ¿por dónde se va a la farmacia?
   – Señora, **tome/toma** la segunda a la izquierda. **Sube/Suba** la calle y **sigue/siga** todo recto.
   – Muchas gracias, señor.
   – De nada, señora.

2. – Hola, Mateo.
   – Hola Jaime, ¿qué tal?
   – Bien. Oye, Mateo, ¿por dónde se va al parque desde aquí?
   – Bueno, **salgan/sal** del centro comercial. **Vaya/Ve** a la derecha. **Cruza/Cruce** la plaza, y está a la derecha.
   – Gracias. Hasta luego.

3. – Elena, Luisa, ¿cómo están?
   – Bien, pero ¿sabes por dónde se va a la estación?
   – Sí. **Baje/Bajen** la calle. **Vaya/Vayan** a la izquierda y **sigue/sigan** todo recto. Está al final de la calle.
   – Gracias. Nos vemos.

Completa las frases con la forma correcta del imperativo del verbo entre paréntesis.

1. (Usted) _____ (hablar) más despacio por favor.
2. (Tú) _____ (comer) con la boca cerrada.
3. (Ustedes) _____ (tomar) la segunda calle a la derecha.
4. (Tú) _____ (escuchar) bien.
5. (Ustedes) _____ (salir) de aquí.
6. (Usted) _____ (ir) a la farmacia.
7. (Tú) _____ (escribir) a tus abuelos.
8. (Usted) _____ (subir) la calle.

Vamos al polideportivo

Contesta las preguntas sobre el póster.
Escribe 'sí' o 'no'.

POLIDEPORTIVO NADAL

Abierto todos los días
Cerrado el 25 de diciembre

Horario: de lunes a viernes:
desde las 6 de la mañana, hasta las 10 de la noche
sábado y domingo:
desde las 7 de la mañana, hasta las 10 de la noche

Entrada gratis los días de fiesta
en horario especial,
desde las 8 de la mañana hasta el mediodía

Piscina climatizada
Gimnasio con aire acondicionado
Canchas de baloncesto,
tenis, squash, voleibol

Precio de la entrada:
Piscina $2
Cancha por hora $10
Gimnasio por hora $3
Menores de 18 años y estudiantes: descuento de un 50%

---

1. ¿Está abierto el día de la Navidad?
2. ¿Está abierto a las nueve de la mañana el 1 de enero (día de fiesta)?
3. Quieres nadar el lunes a las ocho de la tarde. ¿Es posible?
4. El domingo quieres jugar al baloncesto a las diez de la noche. ¿Puedes?
5. Sólo tienes $3. ¿Puedes jugar al tenis?
6. ¿Puedes nadar con $2?
7. No te gusta nadar en agua fría. ¿Es un problema?
8. ¿Está cerrado a la una de la tarde el 24 de diciembre?
9. Quieres hacer ejercicio en el gimnasio el Viernes Santo. Tienes $1. ¿Puedes?
10. Tus padres quieren jugar al tenis durante una hora. Tienen $5. ¿Pueden?

En el hotel
En el Club de Mar

En el complejo hotelero CLUB DE MAR hay varios lugares para los clientes del hotel. Aquí están los detalles.

1.
EL HOTEL CLUB DE MAR
*Restaurante Clavel:
cocina internacional
Restaurante Piccolo:
cocina italiana
Bar Cervantes: piano bar
Peluquería
Tienda de regalos
Prensa
Centro de información
Piscina principal*

2.
LA PLAZA
Supermercado
Estudio fotográfico
Restaurante mexicano:
La Chiquita
Deli-café
Farmacia
Banco con cajero automático
Lavandería

3.
CENTRO DE SALUD Y BELLEZA
- Gimnasio
- Sauna
- Masajista
- Tratamientos de belleza
- Centro médico

4.
CENTRO DE TENIS,
EL OASIS,
MINI CLUB FIESTA
- 14 pistas de tenis
- Mini golf
- Squash
- Tienda de tenis
- Academia de tenis
- Piscina al aire libre
- Mini Club Fiesta

5.
CASA CLUB
Campo de golf
Escuela de golf
Tienda de golf
Bar Hoyo 19
Estacionamiento
Vestuarios

6.
LA CALA
Playa
Restaurante
(de temporada)

7.
CENTRO HÍPICO
Rancho del Río

VOCABULARIO

la prensa	press, newspapers
el hoyo	hole
el vestuario	changing room
de temporada	in season
hípico/a	horse (adjective)

Unidad 4 En el hotel

En el Club de Mar

  ¿Las frases son verdaderas (✓) o falsas (✗)?

1. Se puede comprar un periódico en el Hotel Club de Mar. ☐
2. Para ver al médico hay que ir al centro hípico. ☐
3. Hay dos restaurantes en el Hotel Club de Mar. ☐
4. El restaurante de la playa está abierto todo el año. ☐
5. No se puede estacionar en el campo de golf. ☐
6. Se puede conseguir dinero día y noche. ☐

  Contesta las preguntas sobre los servicios e instalaciones del Club de Mar.

1. ¿Dónde se puede hacer equitación? _____
2. ¿Dónde se puede jugar al tenis? _____
3. ¿Cuántas pistas de tenis hay? _____
4. ¿Hay algún restaurante mexicano? ¿Dónde? _____
5. Para buscar información, ¿dónde hay que ir? _____
6. ¿Dónde se puede jugar a squash? _____
7. ¿Hay alguna peluquería? ¿Dónde? _____
8. ¿Hay cines? _____

Ejercicio 3 Imagina que pasas tus vacaciones en el Club de Mar. Escribe una postal a tus abuelos para contarles lo que hay y lo que puedes hacer en el Club de Mar.

Queridos abuelos: _____
_____
_____
_____
_____

Un abrazo de _____

veintiuno

Una reservación

Ejercicio 4

Empareja cada diálogo con el conjunto de símbolos apropiado. ¡Cuidado! Hay un error en cada conversación. ¿Cuál es? Subraya el error.

1. – Hola. Buenos días. ¿Tiene una habitación individual libre?
   – ¿Por cuántos días?
   – Por una semana. ¿Cuánto es?
   – Son veintitrés dólares, más cinco por el desayuno.
2. – Buenos días. Quisiera reservar dos habitaciones dobles por tres noches, con vista al mar y a los jardines. ¿Cuánto es?
   – Son sesenta dólares la habitación por noche.
3. – Buenos días. ¿Tiene una habitación doble libre por tres noches?
   – Sí.
   – ¿Cuánto es?
   – Son cuarenta dólares la habitación.
4. – Buenos días. Quiero reservar dos habitaciones individuales. ¿Cuánto es?
   – Son treinta dólares la habitación con vista a la montaña.

a. 🛏 (((¿$? $50 = 🚪 x (
b. 🛏🛏 (¿$? $30 = 🚪 x (🪟
c. 🛏 (((¿$? $23+ $4 🍞
d. 🛏🛏 (((🪟 🌼 ¿$? $60 = 🚪 x (

Ejercicio 5

Escribe una carta al hotel para hacer una reservación según los siguientes símbolos.

🛏 (((((🍞 🪟

Muy señor mío: _____
_____
_____
_____

Le saluda atentamente
_____

Unidad 4 En el hotel

Reclamos

Estos reclamos están mezclados. Empareja correctamente las dos partes de cada uno.

1. Falta ☐
2. La radio ☐
3. No hay ☐
4. El cuarto de baño ☐
5. El teléfono ☐
6. La toalla ☐

a. gel de ducha.
b. está sucia.
c. bombillo.
d. no funciona.
e. está sucio.
f. está roto.

Inventa cuatro reclamos usando estas cuatro frases. Haz un dibujo para cada reclamo.

No hay…/Falta…
…está roto/a
…está sucio/a
No funciona…

veintitrés 23

¿A dónde fuiste?
Ayer fui...

Completa el crucigrama en español.

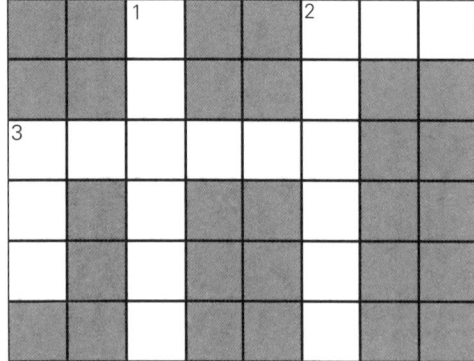

HORIZONTALES
2. he/she/it/you (polite, singular) went
3. you (familiar, singular) went

VERTICALES
1. we went
2. they, you (plural) went
3. I went

Completa esta postal, que Elena manda a su amiga Clara, con la parte correcta del pretérito del verbo *ir*.

¡Hola Clara!
Estamos de vacaciones en Cancún, en México. Nosotros _____ de excursión a las pirámides mayas. _____ en autobús. Esta mañana yo _____ de compras en el mercado con mi mamá. Claudia _____ a la piscina, mientras Papá y Lorenzo _____ a jugar al tenis en el hotel. Tú _____ a Miami la semana pasada, ¿no? ¿Qué tal la Florida?
Hasta pronto.
Tu amiga
Elena

Preguntas

Empareja cada pregunta con la respuesta apropiada.

1. ¿Adónde fuiste?
2. ¿Cómo fueron tus padres a Caracas?
3. ¿Con quién fue tu hermano al parque?
4. ¿Cuándo fueron ustedes a Jamaica?
5. ¿Cómo fuiste al colegio esta mañana?
6. ¿A qué hora fueron Manolo y Ramón al polideportivo?
7. ¿Adónde fueron ustedes de vacaciones?
8. ¿Con quién fue usted al cine?
9. ¿Cómo fue Marta a casa?
10. ¿Con quién fueron ustedes de vacaciones a Cuba?

a. Fuimos a la Florida.
b. Fui con Silvia.
c. Fui a pie.
d. Fue con Miguel.
e. Fue en autobús.
f. Fui a la biblioteca.
g. Fuimos el año pasado.
h. Fueron en avión.
i. Fuimos con Pedro.
j. Fueron a las dos.

Estas son las respuestas. ¿Cuáles son las preguntas?

1. _____ Fui a la playa.
2. _____ Fuimos en carro.
3. _____ Fueron el lunes pasado.
4. _____ Fue con su papá.
5. _____ Fui ayer.
6. _____ Fuimos a las tres y media.

'Ayer', 'anteayer', etc.

 Son las diez de la noche del jueves. Ordena estas frases en orden cronológico.

- **a.** por la tarde ☐
- **b.** hace muchos años ☐
- **c.** hace una hora ☐ 1
- **d.** el mes pasado ☐
- **e.** ayer ☐
- **f.** anoche ☐
- **g.** hace dos horas ☐ 2
- **h.** la semana pasada ☐
- **i.** hace dos años ☐
- **j.** el fin de semana pasado ☐
- **k.** esta mañana ☐
- **l.** hace dos semanas ☐
- **m.** hace unos meses ☐
- **n.** anteayer ☐

 Usa algunas de las frases del Ejercicio 5 con el tiempo pretérito del verbo *ir* para escribir algunos detalles de tu agenda. Escribe cinco frases diferentes.

Por ejemplo:
Hace dos años fui con mi familia a Costa Rica.
Ayer mis amigos y yo fuimos al cine.

_____

_____

_____

_____

_____

¿Qué tal lo pasaste?

¿Qué hiciste?

Ejercicio 1

Empareja cada frase con el dibujo apropiado.

1. Estudié.
2. Aprendí el vocabulario.
3. Salí en el carro.
4. Visité a Juan.
5. Leí el periódico.
6. Escuché música.
7. Bailé con mis amigos.
8. Comí una tortilla.
9. Escribí una carta a los abuelos.
10. Conocí al nuevo profesor de biología.

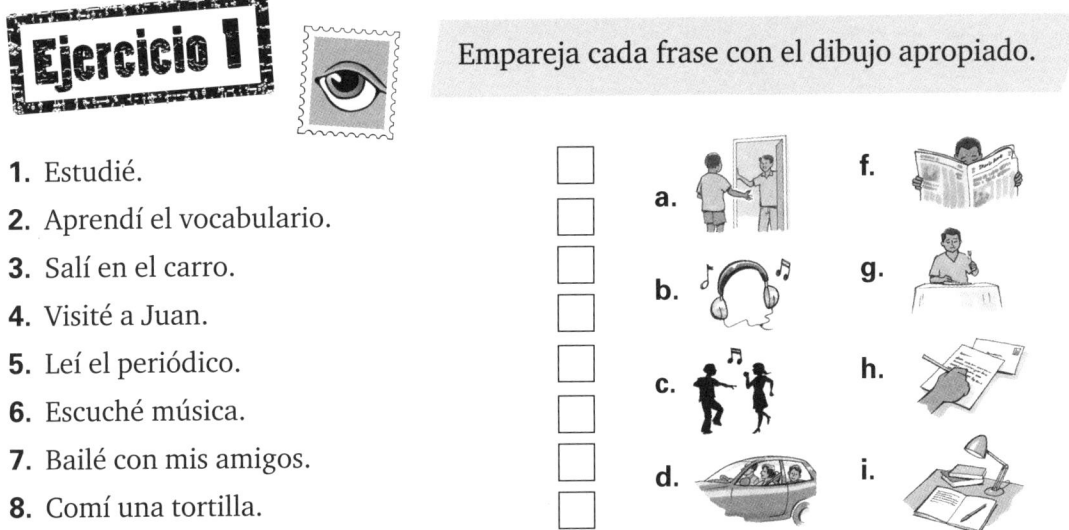

Ejercicio 2

Laura escribe lo que hizo el sábado pasado. Completa su texto con la forma correcta de los verbos entre paréntesis.

El sábado por la mañana _____ (dormir) hasta las diez. _____ (levantarse) a las diez y media y _____ (tomar) el desayuno. Luego _____ (hablar) unos minutos con Claudia en el teléfono. Después de almorzar, _____ (ir) al centro para ir de compras. _____ (comprar) unos tenis nuevos y unos bolígrafos. _____ (volver) a casa a las cuatro en autobús. _____ (preparar) la cena para la familia: _____ (cocinar) espaguetis con salsa boloñesa. _____ (cenar) a las ocho y _____ (leer) un poco antes de acostarme.

¿Qué hicieron tú y tus amigos?

Ejercicio 3

Escribe lo que hicieron tú y tus amigos ayer, según los dibujos.

Por ejemplo:
Visitamos a Juan. Leímos el periódico.

_____
_____
_____
_____
_____

Javier escribe una carta a sus abuelos para darles las gracias por su regalo de cumpleaños. En la carta habla del día de su cumpleaños.

Completa la carta con la forma correcta de los verbos entre paréntesis. ¡Cuidado! Los verbos cambian según la persona.

Queridos abuelos,

Gracias por mi regalo de cumpleaños. Me gusta mucho la camiseta.

El día de mi cumpleaños yo _____ (salir) con los amigos. Nosotros _____ (ir) a un restaurante. Nosotros _____ (comer) pizza y helado y _____ (beber) limonada. Nosotros _____ (cantar) 'cumpleaños feliz', y luego _____ (compartir) un delicioso pastel de chocolate. Después nosotros _____ (ir) al estadio y _____ (jugar) al baloncesto. _____ (Gritar) mucho. Lo _____ (pasar) muy bien.

Espero verlos pronto.
Un abrazo,
Javier

Una postal

  Lee la postal que Verónica escribe para sus abuelos. Luego completa en español la información que falta en el cuadro.

Queridos abuelos,
Estamos en Cancún en México. Viajamos en avión y en autobús desde el aeropuerto. Fue un viaje de ocho horas. Anteayer jugamos al fútbol en la playa por la mañana; por la tarde tomé el sol en la terraza y por la noche bailamos en la discoteca. Ayer visitamos las ruinas mayas en Chichen Itzá por la mañana. Por la tarde fuimos de compras al centro comercial. Esta mañana mamá practicó yoga en el hotel, y papá y Carlos montaron en bicicleta por el Paseo Marítimo, pero yo nadé en la piscina. ¡Qué vacaciones tan divertidas!
Un abrazo fuerte,
    Verónica

Familia Rodríguez
P O Box 87
Puerto España
Trinidad

¿Cuándo?	¿Quién?	¿Actividad?	¿Dónde?
Anteayer por la mañana	Todos		
Anteayer por la tarde	Verónica		
Anteayer por la noche	Todos		
Ayer por la mañana	Todos		
Ayer por la tarde	Todos		
Esta mañana	Mamá		
Esta mañana	Papá y Carlos		
Esta mañana	Verónica		

 Escribe dos frases como las de la postal de Verónica para describir dónde fuiste tú y dónde fue tu familia el fin de semana pasado.

¿Sabes...?

Ejercicio 7

Contesta las preguntas.

1. ¿Cuándo fue Cristóbal Colón a las Américas?
   a. En 1942. ☐
   b. En 1249. ☐
   c. En 1492. ☐
   d. En 1294. ☐

2. ¿Quiénes fueron los primeros en llegar a la luna?
   a. Los rusos. ☐
   b. Los chinos. ☐
   c. Los americanos. ☐
   d. Los indios. ☐

3. ¿Cómo viajaron los españoles a las Américas en el siglo quince?
   a. En avión. ☐
   b. En barco. ☐
   c. En tren. ☐
   d. A pie. ☐

4. ¿Quién liberó a varios países sudamericanos?
   a. George Bush. ☐
   b. Diego Armando Maradona. ☐
   c. Simón Bolívar. ☐
   d. Shakira. ☐

5. ¿En qué año se habló por primera vez por teléfono?
   a. En 1875. ☐
   b. En 1975. ☐
   c. En 1795. ☐
   d. En 2005. ☐

6. ¿Quiénes inventaron el primer avión?
   a. Los hermanos Wright. ☐
   b. Los hermanos Kennedy. ☐
   c. Las hermanas Williams. ☐
   d. Los hermanos Disney. ☐

7. ¿En qué año se jugó por primera vez al baloncesto?
   a. En 1981. ☐
   b. En 1098. ☐
   c. En 1589. ☐
   d. En 1891. ☐

8. ¿En qué ciudad se celebraron los primeros Juegos Olímpicos?
   a. En Londres. ☐
   b. En Nueva York. ☐
   c. En Atenas. ☐
   d. En Tokio. ☐

9. ¿En qué año se formó la Organización de las Naciones Unidas (ONU)?
   a. En 1792. ☐
   b. En 1945. ☐
   c. En 1215. ☐
   d. En 2000. ☐

10. ¿En qué año se declaró la independencia de Cuba?
    a. 1898. ☐
    b. 1988. ☐
    c. 1963. ☐
    d. 1615. ☐

Unidad 6 ¿Qué tal lo pasaste?

'Luego', 'después', etc.

Ejercicio 8

Busca las seis palabras o frases que se usan para conectar otras frases. Escribe una lista abajo.

m	e	c	w	e	m	p	o
á	n	a	i	l	a	r	d
s	v	d	h	u	l	i	e
t	g	o	c	l	u	m	s
a	s	í	q	u	e	e	p
r	k	c	u	y	g	r	u
d	p	h	r	r	o	o	é
e	n	t	o	n	c	e	s

_____
_____
_____
_____
_____
_____

Ejercicio 9

Lee la historia de un día difícil de Teo. Luego ordena las frases correctamente para hacer un resumen de la historia.

El sábado pasado me levanté a las once. Primero me vestí y luego desayuné. Salí de casa y fui a la parada de autobuses para ir al centro. Esperé veinte minutos pero el autobús no llegó, así que empecé a caminar hacia el centro. Después de cinco minutos el autobús me pasó y yo llegué al cine a las dos menos cuarto. Me perdí la película y entonces esperé dos horas en la cafetería para comer algo con mis amigos. Después, muy cansado, volví a casa.

1.
a. Luego el autobús le pasó. ☐
b. Teo esperó veinte minutos. ☐
c. Y después volvió a casa. ☐
d. Llegó tarde al cine. ☐
e. Empezó a ir a pie. ☐
f. Salió de casa para ir al cine. ☐
g. Más tarde tomó algo con sus amigos. ☐
h. Teo se levantó tarde. [1]
i. Entonces esperó dos horas en la cafetería. ☐
j. Perdió la película. ☐
k. El autobús no llegó. ☐

VOCABULARIO

me perdí — *I missed*
perder *also means* 'to lose'

treinta y uno 31

¡Qué partido!

Lee el diálogo de dos chicos hablando de un partido de criquet en el que jugaron. Luego contesta las preguntas.

Manolo: ¿Te recuperaste del partido del fin de semana?

Fernando: Bueno, casi. Ese jugador me pegó con la pelota y me duele todavía la pierna.

Manolo: Es un equipo muy bueno. Siempre gana; me parece que es el primero de la liga. Todos juegan bien; tienen unos jugadores muy inteligentes y los fildeadores son muy listos, están siempre preparados para atrapar y lanzar la pelota con exactitud al poste.

Fernando: ¿Y viste al bateador alto? Es un campeón con el bate. Batea con fuerza y corre tan rápido que es muy difícil eliminarlo.

Manolo: Vamos a ver si podemos jugar mejor la próxima vez.

VOCABULARIO

pegar	to hit
atrapar	to catch
lanzar	to throw
batear	to bat
el jugador	player
el fildeador	fielder
el bateador	batsman
fuerza	strength

1. What is the matter with Fernando?
2. How did this happen?
3. What are the players like?
4. How does Manolo describe the fielders?
5. What particular skills does the tall batsman have?
6. What does Manolo hope?

¿Qué hiciste?
¿Pasado o presente?

Ejercicio 1

¿Cuáles de las frases están en el pasado? ¿a o b? Marca las que están en el pasado con una **X**.

1. a. Fui a Londres.
   b. Voy a Londres.
2. a. Leo el periódico.
   b. Leí el periódico.
3. a. Digo la verdad.
   b. Dije la verdad.
4. a. Tuve calor.
   b. Tengo calor.
5. a. Llamo por teléfono.
   b. Llamé por teléfono.
6. a. Hace frío.
   b. Hizo frío.
7. a. Mis padres están en Miami.
   b. Mis padres estuvieron en Miami.
8. a. El profesor nos dio muchos deberes.
   b. El profesor nos da muchos deberes.
9. a. Vemos la película.
   b. Vimos la película.
10. a. Vino mi abuelo.
    b. Viene mi abuelo.

Ejercicio 2

Escoge la alternativa correcta de cada verbo.

VOCABULARIO

los vecinos — *neighbours*

El lunes pasado nosotros **perdimos/pierdo/pierden** nuestro perro, Nacho. Nosotros lo **busca/buscamos/buscas** por todas partes pero no lo **vemos/vimos/vio**. Mi papá **llamo/llamó/llamé** a la policía y mi mamá **fui/fue/va** a casa de los vecinos para darles una *descripción* de Nacho.

Yo **hago/hice/hizo** un póster con una foto y lo **puse/pongo/pone** en un árbol en la calle.

Todos nosotros **salieron/salgo/salimos** durante el día. Yo **fue/fui/voy** al pueblo, mi papá **buscó/busco/busca** en el parque y mi mamá y mi hermano **fuimos/fue/fueron** a la playa y al puerto. Nosotros no lo **veo/vimos/vemos** en ninguna parte. Todos nosotros **volví/vuelven/volvimos** a casa a las seis y media y entonces **llego/llegó/llega** Nacho, muy contento y muy tranquilo. ¿Y nosotros? **Me puse/Se puso/Nos pusimos** contentos también, pero estábamos agotados de tanto buscar! Y ahora el perro **duerme/dormimos/duermen** como un ángel, después de su aventura.

¿Qué hiciste?

En el crucigrama, escribe la forma correcta del pretérito de cada verbo entre paréntesis para ver la pregunta. ¿Cuál es la pregunta?

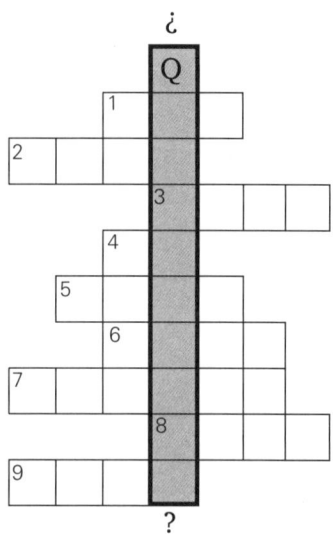

¿Cómo se dice en español…?

1. Él _____ (ser) el actor principal de la película.
2. Yo _____ (poner) el libro en la mesa.
3. Ella _____ (hacer) los deberes.
4. Yo _____ (dar) el trabajo al niño.
5. Yo _____ (hacer) el pastel.
6. Yo _____ (decir) que no.
7. Tú _____ (ir) al cine ayer.
8. Él _____ (tener) suerte.
9. Yo _____ (poder) leer el libro.

La pregunta es: ¿_____?

Completa las frases con la forma correcta del pretérito del verbo entre paréntesis.

1. ¿Tú _____ (ver) la película?
2. Yo le _____ (decir) al profesor que sí.
3. Los niños _____ (venir) tarde al colegio.
4. El chico _____ (ir) a las tiendas con sus amigos.
5. Ellos _____ (tener) hambre después del partido.
6. La maestra de informática nos _____ (dar) muchos deberes.
7. Mi padre _____ (poner) los platos en la mesa.
8. El médico _____ (estar) en el hospital.
9. Ellos no _____ (poder) ver al director.
10. ¿Qué _____ (hacer) tu hermano ayer?

¿Qué tiempo hizo ayer?

El equipo de criquet de las Antillas estuvo en Londres hace unos años. Un jugador habló del tiempo. Dibuja símbolos en el orden correcto para describir el tiempo que hizo.

1.
2.
3.
4.
5.
6.
7.
8.

> ¡Qué clima tienen en Inglaterra! ¡Todas las estaciones del año en un sólo día! Por la mañana hizo buen tiempo hasta las nueve. Luego estuvo nublado y empezó a hacer frío. Al mediodía llovió e hizo mucho viento. Hasta* nevó un poco, ¡en mayo!, pero después de una hora hizo sol otra vez y calor.

VOCABULARIO

*hasta   even
(*in this context, also means 'until', see* 'hasta las nueve')

Escribe un resumen del tiempo de ayer según estas indicaciones.

8 a.m.	10 a.m.	mediodía	2 p.m.	4 p.m.	6 p.m.	8 p.m.
5°C			35°C		5°C	

_____
_____
_____
_____

treinta y cinco

¿Qué pasó?

Junta los distintos elementos para hacer frases. ¿Cuántas puedes hacer?

¿Cuándo?	¿Qué hiciste?	¿Qué cosa?
Hace dos días	escribí	un libro de cocina
El miércoles pasado	vi	una película mexicana
Esta mañana	compré	una revista de moda
El año pasado	recibí	un nuevo videojuego
Ayer	leí	una página interesante de internet
Anoche	hice	una receta deliciosa

VOCABULARIO

una receta — *a recipe*

Mira los dibujos y contesta las preguntas. Usa frases completas.

a.    b.    c.    d.

1. ¿Qué esperaron Marcos y Teresa? ¿Dónde?

2. ¿Qué tiempo hizo?

3. ¿Estuvo contenta Teresa?

4. ¿A dónde fueron después?

Unidad 7 ¿Qué hiciste?

¿Lo/La/Los/Las tiene?

 Empareja cada frase con el dibujo correcto.

a.   b.   c.   d.

1. Los vi en la mesa. ☐
2. La vi en la mesa. ☐
3. Las vi en la mesa. ☐
4. Lo vi en la mesa. ☐

 Clara describe una obra de arte que vio en la galería. Escoge el pronombre correcto en cada caso.

Esta obra es muy bonita. **Lo/La** pintó un famoso artista sudamericano. El campo es precioso, **lo/los** representa en varios tonos de verde. Los animales son muy realistas. **La/Los** dibuja en un estilo muy moderno. Me gusta la iglesia. **La/Las** pone en el fondo del cuadro. Y las personas, **los/las** tiene en colores muy vivos.

VOCABULARIO

la obra — work (of art)
el fondo — background
el cuadro — painting

 Contesta las preguntas usando los pronombres si es posible. Trata de no repetir las palabras innecesariamente.

1. ¿Dónde pusiste los libros? <u>Los puse en la mesa.</u>
2. ¿A qué hora tomaste el autobús? _____
3. ¿Comiste piña esta mañana o ayer? _____
4. ¿Cuándo entregaste* la tarea? _____
5. ¿Cuándo recibiste la carta? _____
6. ¿Viste la película en la televisión anoche? _____

VOCABULARIO

entregar — to hand in

treinta y siete 37

¿A qué se refieren?

Empareja cada frase con el dibujo correcto.

1. Lo dejé en el colegio.
2. Las cultiva mi padre.
3. Los compré en el mercado.
4. La tiene mi abuela.
5. La vi anoche con mi novia.
6. Lo estacioné delante de la casa.

a. el carro

b. los plátanos

c. las flores

d. la película

e. la llave

f. el abrigo

Lee el diálogo. ¿A qué se refieren las palabras subrayadas?

– Hola, Ravi.
– Hombre, Marco. ¿Qué tal?
– Bien ¿y tú? ¿Cómo va el colegio?
– Pues bien.
– ¿Te gusta el colegio este año?
– Sí, (**1.**) lo prefiero al año anterior.
– ¿Qué asignatura te gusta más?
– La química. El profesor (**2.**) la enseña de una manera muy interesante. Mira, este es mi cuaderno. (**3.**) Lo corrigió ayer y saqué notas muy buenas. Mejor que (**4.**) las del otro profesor.
– ¿Qué prefieres? ¿Las ciencias o los idiomas?
– Hombre, los idiomas. (**5.**) Los encuentro muy fáciles.

VOCABULARIO
anterior   *previous*

1. _____
2. _____
3. _____
4. _____
5. _____

Unidad 8 — De compras en el mercado

Los números

Ejercicio 1

En la sección de charcutería hay que tomar un número para esperar el turno. ¿En qué orden se atiende a los clientes?

¿A quién le toca?

a. Yo tengo el ciento catorce.
b. Yo tengo el ciento diecinueve.
c. Yo tengo el ciento veinte.
d. Yo tengo el ciento doce.
e. Yo tengo el ciento dieciocho.
f. Yo tengo el ciento quince.

Ejercicio 2

Imagina que tomas un número en la sección de pescadería. ¿Qué número tienes? Escribe los números.

a. 111 ciento once
b. 127 ___
c. 146 ___
d. 113 ___
e. 154 ___
f. 182 ___

Ejercicio 3

Imagina que tienes una lista de compras de tu mamá. Escribe la lista otra vez con palabras en vez de números.

200 gramos de jamón	Doscientos gramos de jamón
150 gramos de queso	
500 gramos de carne molida	
750 gramos de pescado blanco	
900 gramos de camarones	
½ kilo de tomates	
100 gramos de mantequilla	
1 kilo de azúcar	

treinta y nueve

De compras (1)

Ordena las frases correctamente en esta conversación en el mercado.

- [ ] ¿Y a cuánto están?
- [ ] Soy yo.
- [ ] Nada más gracias. ¿Cuánto es?
- [ ] Veinte pesos el kilo.
- [ ] ¿Qué desea?
- [1] ¿Quién es el próximo?
- [ ] Muy buenas.
- [ ] Son treinta pesos en total.

- [ ] Adiós.
- [ ] Sí. ¿Cómo están las manzanas?
- [ ] Primero un kilo de tomates por favor.
- [ ] Bueno, deme medio kilo.
- [ ] Gracias, señora. Adiós.
- [ ] ¿Alguna cosa más?
- [ ] Aquí tiene. ¿Algo más?
- [ ] Aquí tiene.

Ejercicio 5

¿Qué falta? Lee la lista y estudia los dibujos de las compras. ¿Qué cosas de la lista no están?

- una barra de pan
- un cartón de leche
- un frasco de mermelada de piña
- un paquete de galletas
- media docena de huevos
- un litro de jugo de naranja
- una bolsa de café
- una lata de sardinas

De compras (2)

Completa la lista de compras usando las palabras en el cuadro. ¡Cuidado! Algunas se usan más de una vez.

barra	botella	caja	cien gramos
docena	frasco	kilo	lata
medio kilo	lata	litro	paquete

una _____ de vino blanco
una _____ de pan
un _____ de azúcar
_____ de queso
un _____ de harina
un _____ de galletas
un _____ de mermelada
una _____ de huevos
una _____ de salchichas
un _____ de jugo en cartón
_____ de jamón
un _____ de leche
una _____ de cereales
una _____ de mantequilla
una _____ de té
una _____ de cola

Ejercicio 7

Completa la conversación en la tienda con la letra de la palabra más apropiada de la lista abajo.

– ¿Qué desea, señora?
– Deme una 1.☐ de pan y dos 2.☐ de azúcar por favor.
– Aquí tiene. ¿Algo más?
– Sí, 3.☐ de tomates, y una 4.☐ de agua.
– ¿Alguna cosa más?
– Un 5.☐ de café y dos 6.☐ de salchichas.
– ¿Es todo?
– Sí, ¿cuánto es en total?

1. **a.** bolsa **b.** litro **c.** docena **d.** barra
2. **a.** kilos **b.** latas **c.** cartones **d.** litros
3. **a.** medio frasco **b.** medio kilo **c.** medio litro **d.** media botella
4. **a.** botella **b.** bolsa **c.** docena **d.** paquete
5. **a.** barra **b.** litro **c.** docena **d.** paquete
6. **a.** cartones **b.** latas **c.** litros **d.** cajas

Escribe un diálogo en la tienda de comestibles en el que compras dos cosas del Ejercicio 6.

¿Este, ese o aquel?

Empareja cada pregunta o frase con la respuesta apropiada.

1. ¿Te gustan estas manzanas?
2. ¿Quieres esta galleta?
3. Toma este bocadillo.
4. ¿Quieren ustedes estas naranjas?
5. ¿A ustedes les gusta este pastel?
6. ¿Quieres estos mangos?

a. No, prefiero aquella. Es más grande.
b. No, prefiero esas. Son más rojas.
c. No, preferimos esas. Son más pequeñas.
d. No, deme aquellos. Están más frescos.
e. No, gracias, prefiero ese. Es de jamón.
f. No, gracias, preferimos aquel. Es más rico.

Contesta las preguntas de una manera parecida a la del Ejercicio 9.

1. ¿Quieres este helado de vainilla?

2. ¿Quieren ustedes este jugo?

3. ¿Te gustan estas papas fritas, sabor a queso?

4. ¿A ustedes les gusta esta ensalada de tomate?

5. ¿Quieres estos plátanos?

6. ¿Quieren ustedes estas galletas?

7. ¿Te gustan estos huevos?

En el supermercado

Ejercicio 11

Descifra los nombres de las distintas secciones en el supermercado.

1. thacerucarí _____
2. rinceríaca _____
3. aídecserpa _____
4. lestpaírea _____
5. píperalea _____
6. helícera _____
7. codegalson _____
8. sanecracioca _____
9. leafstrugsembruy _____
10. aysnoused _____

Ejercicio 12

Ahora nombra dos cosas que se pueden comprar en cada sección del Ejercicio 11.

1. _____
2. _____
3. _____
4. _____
5. _____
6. _____
7. _____
8. _____
9. _____
10. _____

cuarenta y tres

Las monedas de Sudamérica

  Completa el crucigrama de los nombres de la monedas de Sudamérica.

Horizontales
3. La moneda de Venezuela
5. La moneda de Honduras
7. La moneda de Panamá
9. La moneda de Guatemala

Verticales
1. La moneda de Paraguay
2. La moneda de Bolivia
4. La moneda de Puerto Rico
6. La moneda de Costa Rica
8. La moneda de México

 Busca el intruso.

1. lempira   sol   guaraní   jaguar
2. pastelería   balboa   córdoba   euro
3. quinientos   novecientos   setecientos   pesos
4. maíz   piña   ajo   leche
5. paquete   litro   lata   caja
6. manzana   barra   naranja   plátano
7. ochenta   charcutería   pescadería   lechería
8. calabaza   frijol   dólar   camote

UNIDAD 9

¿Estás a la moda?
La moda

Antonio le envía unas fotos a su amigo mexicano por el chat y él le pregunta cómo se llaman las personas. ¿Puedes identificarlas?

Laura es aquella con la blusa blanca.
Felipe lleva una sudadera, pantalones cortos y unos tenis.
Él está con Miguel que lleva una camiseta de rayas y unos calcetines blancos.
Esteban tiene una mochila. Está atrás. Sergio lleva una gorra y Raúl lleva una camiseta de dos colores y unos pantalones blancos también.
La camiseta tiene un número
Mi padre lleva una camisa con mangas cortas. Mi madre es esa con la camiseta blanca y la falda.
Mi tío lleva una camisa con mangas más largas y mi tía tiene una camiseta oscura con cuello redondo y mangas largas.

a. _____
b. _____

c. _____
d. _____
e. _____
f. _____

g. _____
h. _____
i. _____
j. _____

VOCABULARIO
la gorra   *baseball cap*

Ejercicio 2

¡Ay no! Imagina que pierdes la maleta. Describe lo que hay en la maleta para el seguro.

VOCABULARIO
el seguro   *insurance*

_____
_____
_____
_____

cuarenta y cinco   **45**

¿Cómo es?

Ejercicio 3

Empareja cada frase con la respuesta más apropiada.

1. ¡Cómo me gustan estas sandalias!
2. Estos pantalones son muy bonitos.
3. No me gusta nada aquella blusa.
4. ¿Te gusta ese traje de baño?
5. Aquellas gafas de sol no me gustan.
6. ¡Qué cómodos son esos tenis!

a. Hmmm. Son feas, ¿no?
b. No, es muy caro.
c. Sí, son muy bonitas.
d. Sí, y también son bastante baratos.
e. ¿Cuáles? ¿Los azules?
f. Bueno, a mí me gusta. Es muy elegante.

Ejercicio 4

Completa el crucigrama en español.

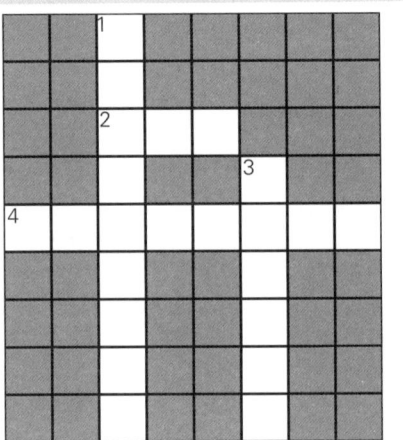

HORIZONTALES
2. very
4. quite

VERTICALES
1. too much
3. a little

Ejercicio 5

Completa las frases con la forma correcta del adjetivo entre paréntesis y una de las palabras del Ejercicio 4.

1. Estos pantalones son _____ _____ (ajustado).
2. Las sandalias son _____ _____ (caro).
3. Estos calcetines son _____ _____ (grande).
4. La falda es _____ _____ (extravagante).
5. El vestido es _____ _____ (cómodo).
6. Las gafas de sol son _____ _____ (barato).
7. La camiseta es _____ _____ (pequeño).
8. Los tenis son _____ _____ (moderno).
9. La chaqueta no es _____ _____ (elegante).
10. El traje de baño no es _____ _____ (bonito).

¿Te gusta?

Ejercicio 6

Empareja cada frase en español con su equivalente inglés.

1. Me gustan bastante.
2. No me gusta.
3. No me gustan nada.
4. ¿Te gustan?
5. Les gusta muchísimo a ellos.
6. Le gustan bastante.
7. No nos gustan nada.
8. Me gusta muchísimo.
9. ¿Les gusta a ustedes?
10. Nos gustan mucho.

a. We don't like them at all.
b. They like it a lot.
c. Do you like them?
d. I like it a lot.
e. He likes them quite a lot.
f. I like them quite a lot.
g. Do you all like it?
h. I don't like it.
i. We like them a lot.
j. I don't like them at all.

Ejercicio 7

Contesta las preguntas. Da una razón.

Por ejemplo: ¿Te gustan los tenis? Sí, me gustan porque son muy prácticos y bastante cómodos.

1. ¿Te gusta el uniforme escolar?
   _____
2. ¿A tus abuelos les gusta la ropa moderna?
   _____
3. ¿A tu amigo le gustan las camisas y las blusas extravagantes?
   _____
4. ¿A ti y a tus amigos os gustan los pantalones ajustados?
   _____
5. ¿A tus padres les gustan los zapatos de cuero?
   _____

En la tienda de modas

Ejercicio 8

Escoge la alternativa correcta para completar la conversación en la tienda de modas.

– Hola. Buenos días. ¿En qué puedo servirle?
– Quisiera ver **aquel/aquella** blusa que está en el **talla/escaparate**.
– ¿Cuál? ¿La azul?
– No, **aquel/aquella** de color rosado.
– Muy bien. ¿En qué **color/talla**?
– 40, por favor.
– Aquí tiene.

– ¿Qué tal le queda?
– Bueno, me queda un poco **número/grande**. ¿La tiene en 38?
– No, lo siento, pero tenemos esta **estampada/tienda**.
– No, no me gusta nada.

– ¿Quiere algo más?
– Sí, los zapatos de cuero. ¿En qué **color/número** los tiene?
– Hay marrón, negro y azul marino.
– Bueno, me gustaría probarme los negros.
– Sí, ¡cómo no! ¿Y qué **color/número** calzas?
– 37… Sí, me gustan mucho. Son muy **pequeños/cómodos**. Me los llevo. ¿**Cuánto/Cómo** es?
– Son 40 dólares.

Ejercicio 9

Escribe un diálogo en la tienda donde compras una camiseta, con manga corta y de color azul claro.

Colores: *azul claro, blanco, azul marino y verde*
Talla: *36/38 40/42 44/46*
Precio: *$8*
Con manga corta, los mismos colores y tallas $10

Unidad 9 ¿Estás a la moda?

Hay un problema

  Empareja cada frase con el dibujo apropiado.

1. Me queda demasiado pequeña. ☐
2. No me gusta el color oscuro. ☐
3. Es muy grande. ☐
4. Son demasiado grandes. ☐
5. No son cómodas. ☐
6. Mi tía me la compró pero no me gusta nada. ☐

 Completa las palabras. Están relacionadas con las compras en la tienda de modas.

1. el c _ _ rr _
2. el r _ c _ b _
3. la n _ t _   d _   cr _ d _ t _
4. un r _ _ mb _ ls _
5. c _ mb _ _ r

Completa el diálogo con las palabras correctas del Ejercicio 11.

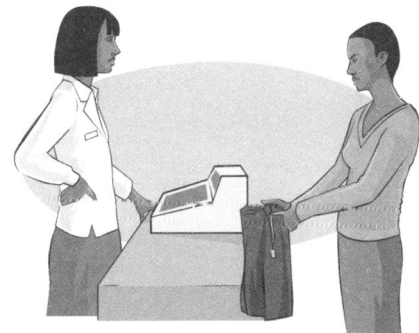

– Señora, tengo un problema con esta falda. El _____ se rompió.
– Hmmmm. Vamos a ver. ¿Quiere _____ la falda?
– No, quiero un _____ .
– ¿Tiene el _____ ?
– No. No lo tengo.
– Entonces no puedo darle un _____ . Solo puedo darle una _____ .

De compras

  Empareja la primera parte de la frase con la segunda parte más apropiada. Hay más de una respuesta correcta.

1. Iba a ir de compras con mi amiga…
2. Caminaba por el centro comercial…
3. No podia oírle bien…
4. Me dijo que tuvo que quedarse en casa…
5. Decidí entrar en una tienda…
6. Compré un paraguas…
7. Pero tuve que devolverlo…
8. Me mojé…
9. Seguía lloviendo…
10. Al fin llegué a casa bien contenta…

a. …porque los vendían con un descuento de un 20 %.
b. …así que salí del centro.
c. …porque me gustaba mi nuevo abrigo.
d. …porque venían sus abuelos.
e. …cuando me llamó por teléfono.
f. …pero no pudo venir.
g. …porque estaba roto.
h. …porque estaba lloviendo.
i. …así que me compré un impermeable.
j. …porque no podia abrirlo.

¡Cómo cambia la vida!

Completa el siguiente texto con la forma correcta del verbo entre paréntesis, en el tiempo imperfecto.

Mis abuelos me _____ (hablar) de cómo _____ (ser) la moda cuando _____ (ser) jóvenes. Ellos me _____ (decir) que no _____ (haber) tantas marcas famosas. Lo que _____ (importar) _____ (ser) si la ropa _____ (ser) práctica. Mi abuela _____ (contar) que _____ (tener) que llevar vestidos y faldas largas, que _____ (cubrir) la rodilla. Mi abuelo _____ (explicar) que, como no _____ (tener) mucho dinero, él _____ (llevar) ropa de sus hermanos mayores. Pero no le _____ (importar). Los dos _____ (estar) muy contentos.

Unidad 10 — En el centro comercial

Los números ordinales

Ejercicio 1

Estudia la guía de departamentos. ¿Las frases son verdaderas (✓) o falsas (✗)?

6º piso	Servicio al Cliente, Banco
5º piso	Electrodomésticos, Artículos para el Hogar
4º piso	Audiovisual, televisores, Equipos de Música
3ᵉʳ piso	Ropa para caballeros
2º piso	Ropa para damas
1ᵉʳ piso	Ropa juvenil, ropa infantil, Juguetes
PB	Artículos de Viaje, Regalos
Sótano	Supermercado

1. Sandals can be bought on the sixth floor.
2. Children's T-shirts are sold on the first floor.
3. You have to go to the third floor to buy a radio.
4. If you want to buy a bag, you must go to the basement.
5. The saucepans are on the fifth floor.
6. On the second floor, there is a selection of skirts and dresses.

Ejercicio 2

Ayuda a la profesora a ordenar a los alumnos según su lista.

Primera Ana María, segundo Rodrigo…

Ana María   Luisa
Rodrigo   Federico
Juanito   Fernando
Pedro   Marta
Sara   Teresa

tercero _____

Unidad 10 En el centro comercial

¿Se puede?

Ejercicio 3  Empareja cada frase en español con su equivalente inglés.

1. Se prohibe el paso.
2. La comida se sirve a la 1.
3. Se dice que es verdad.
4. Aquí se habla español.
5. Se venden apartamentos.
6. Se alquila casa para el verano.
7. Se busca asistente.
8. ¿Se puede entrar?
9. ¿Cómo se hace el té?

a. Apartments for sale.
b. May I come in?
c. No entry.
d. Assistant wanted.
e. House for rent for the summer.
f. How is tea made?
g. It is said to be true.
h. Lunch is served at one.
i. Spanish is spoken here.

Ejercicio 4  Completa los anuncios con la frase más apropiada del cuadro. ¡Cuidado! No se usan todas las palabras.

se vende   se busca   se alquila
se habla   se prohibe   se sirve

1. _____ bicicleta casi nueva en buenas condiciones

2. _____ fumar en el hospital

3. _____ apartamento en la playa Durante el verano $500 a la semana

4. _____ chico para ayudar en la cocina del restaurante BUENAMAR

5. HOTEL CARASOL El desayuno _____ entre las 7 y las 10

Ejercicio 5  Escoge la alternativa correcta en cada frase.

1. **Se vende/Se venden** ropa para bebés y niños de 2 a 10 años.
2. Aquí **se vende/se venden** leche del día.
3. Aquella tienda tiene un letrero que dice "**se vende/se venden** discos compactos". Voy a entrar.
4. ¡Mira mamá!, allí podemos comprar las galletas. Dice "**Se vende/Se venden** galletas caseras".
5. Aquí **se vende/se venden** libros de segunda mano.
6. Luis, creo que en aquel lugar podemos comprar gasolina. Mira el letrero afuera: "Aquí **se vende/se venden** gasolina".

cincuenta y tres

Los pronombres

  Empareja cada pregunta con su respuesta apropiada.

1. ¿Tienes tu libro de español? ☐   a. Sí, los hay en azul, negro y rojo.
2. ¿Dónde están las chicas? ☐   b. No, la quiere el profesor.
3. ¿Tú quieres esta silla? ☐   c. La tiene Miguel.
4. Señor, por favor, ¿tiene estos zapatos en azul? ☐   d. Sí, pero la quiero en verde. ¿La tiene en verde?
5. ¿Quién tiene mi mochila? ☐   e. Las vi en el pasillo.
6. ¿Por qué compras manzanas? ☐   f. No, lo dejé en casa.
7. ¿Quieres probarte esta falda? ☐   g. Las quiere mi madre.

  Contesta las preguntas. Usa los pronombres de objecto directo *lo*, *la*, *los*, *las* en tus respuestas.

1. ¿Quién tiene mi libro de matemáticas?
   _____

2. ¿En qué color prefieres los pantalones?
   _____

3. ¿Dónde viste mis tenis? ¿En mi dormitorio?
   _____

4. ¿En qué página viste la foto?
   _____

5. ¿Tienes las pelotas de tenis?
   _____

6. ¿Quién vio el programa anoche?
   _____

Unidad 10 En el centro comercial

En los grandes almacenes (1)

Completa el crucigrama en español.

HORIZONTALES

1. sales
3. discount
6. pull
8. cash desk
9. shop assistant
12. trolleys
15. bathrooms
16. entrance
17. lift

VERTICALES

2. escalator
4. department store (*los grandes...*)
5. push
7. ground floor
10. basement
11. changing room
13. department
14. exit

cincuenta y cinco 55

En los grandes almacenes (2)

Completa este diálogo en los grandes almacenes según las instrucciones.

En la entrada
− Buenos días. ¿En qué puedo servirle?
− (*Greet the shop assistant and ask where the men's shoes are.*)

− En el tercer piso.
− (*Ask if there are lifts or an escalator.*)

− Sí hay un ascensor aquí a la derecha, o la escalera mecánica en el centro de la tienda.
− (*Thank the assistant.*)

En la sección de zapatos para caballeros
− Buenos días. ¿En qué puedo servirle?
− (*Ask for some black shoes.*)

− ¿Qué número?
− (*You want 38.*)

− Aquí tiene. ¿Qué tal están?
− (*They are a little small and you want something more modern.*)

− ¿Prefiere estos?
− (*Yes, you like them. Ask the price.*)

− Son $50.
− (*They are expensive but you'll take them. Offer the money.*)

− Muchas gracias. Aquí tiene los zapatos.
− (*Thank the assistant and say goodbye.*)

¡Que aproveche!
Comiendo en casa

¿Qué letras faltan en el diálogo?
Completa el cuadro y busca la frase.

– A la m___sa¹² todos. A comer.
– ¿Q___ieres² arroz con hue___o⁸, Carlota?
– Sí, g___acias⁶. Me gusta muc___o¹¹.
– Pásam___³ la sal, Tomás.
– Aquí ti___nes⁹, ___apá⁵.
– Gracias. ¿Y el agua?
– Aquí está.
– ¿H___y⁴ más, Mamá? Está muy bueno el arroz.
– Sí, t___ma⁷ Carlota. ¿Tú ___uieres¹ más Tomás?
– No, gra___ias¹⁰.

1.	7.
2.	8.
3.	9.
4.	10.
5.	11.
6.	12.

La frase es _____

Lee el texto y contesta las preguntas.

En los países hispanos algunas costumbres relacionadas con la comida son diferentes. Generalmente, el desayuno se come entre las siete y las nueve. En algunos países, especialmente en Hispanoamérica, el desayuno es una comida muy completa con huevos, queso, jamón, crema de leche, pan tostado o arepas, fruta y café. En otros países, como en España, el desayuno es una comida más básica con café con leche o chocolate, y un panecillo tostado.

En España, la comida principal es el almuerzo que se come muy tarde, entre las dos y las tres. Normalmente hay tres platos para el almuerzo: primero, una sopa; segundo, una carne o un pescado con vegetales, papas o arroz; y el postre, que puede ser fruta o queso, seguido de un café.

La cena en España es una comida menos fuerte, a veces una tortilla francesa, y generalmente se come tarde.

A eso de las cinco se come una merienda. Puede ser un bocadillo o sándwich con una bebida, a veces un jugo. También, a menudo se come un bocadillo por la mañana, a las once más o menos.

1. When is breakfast served?
   a. Before seven.
   b. After nine.
   c. Between seven and nine.

2. Which is the biggest meal?
   a. Breakfast.
   b. Lunch.
   c. Supper.

3. What is eaten for 'postre'?
   a. Fruit or cheese.
   b. Rice.
   c. Sandwich.

4. When do they have 'la merienda'?
   a. At lunchtime.
   b. In the afternoon.
   c. At night.

cincuenta y siete

En el restaurante

En la Avenida del Puente hay varios restaurantes. En cada restaurante se sirve un menú del día. Estudia los diferentes menús y luego escoge uno o más restaurantes adecuados para las personas, según sus gustos.

EL MOLINO
Tortilla española
Frijoles con jamón
Filete de pescado
Chuleta de cerdo
Flan o helado

RESTAURANTE EL PUENTE
- Ensalada mixta
- Macarrones
- Pollo al ajillo
- Espaguetis con salsa de tomate
- Fruta o helado

LAS CATARATAS
Ensalada
Sardinas
...
Costillas
Tortilla francesa
...
Fruta o helado

LA CUESTA
Calamares a la romana
Ensalada de tomates
Bistec/Filete de ternera
Chuletas
Fruta o queso

LA TASCA
Macarrones con jamón
Champiñones al ajillo
—
Lomo de cerdo
Salmón
—
Pastel de manzana o Helado

VOCABULARIO

los frijoles	beans
la chuleta	chop
los calamares	squid
a la romana	fried in batter
la ternera	veal
al ajillo	cooked with garlic
la ensalada	salad
la tortilla francesa	plain omelette
los champiñones	mushrooms
el lomo	loin

1. A Pepe le gustan los huevos y el pescado, pero a Susana no le gustan ni el pescado ni la ensalada.

2. A Magdalena le encantan las chuletas, pero no le gustan ni la tortilla ni los frijoles.

3. Carlos es alérgico al ajo y a los tomates. Le encantan las tortillas, pero no le gustan ni el cerdo ni el jamón.

4. A Tomás le encanta todo tipo de ensalada, pero no le gusta el helado. A María le gusta mucho el bistec.

Salimos a cenar

Completa los diálogos según las instrucciones.

En el teléfono
Escribe una conversación telefónica en la que:
1. reservas la mesa;
2. dices a qué hora la quieres;
3. dices cuántas personas hay;
4. dices dónde quieres sentarte.

En el restaurante
– Buenas noches. A sus órdenes.
– *(Tell the waiter you have a table reservation. Give your name.)*

– Aquí está la mesa. Les traigo la carta. ¿Qué quieren para beber?
– *(You order drinks for the four of you.)*

– ¿Y de primer plato?
– *(Again, you order a starter for everyone.)*

– ¿Y de segundo?
– *(You order everyone's main course.)*

– ¿Todo está bien?
– *(No. You tell the waiter you want some water and your fork is dirty.)*

El menú

  Busca los comestibles en la sopa de letras.

```
      maíz a
    r  pollo ¿
      nata    m
  macarrones   t
 gambas      q
 tarta fruta   flan
  v  n costillas
  ?erd uras u  a
   helado manzana
      é  ch  arroz
   pastel ocolate
   apescado
      a   s
    piñamariscos
    m       carne
     ensalada v
       papas o
```

¿Qué letras quedan? ¿Qué frase forman?

Ejercicio 6  Completa el menú con las letras que faltan.

MENÚ DEL DÍA

S_P_ D_ L_G_MBR_S	P_SC_D_ D_L D_ _	Q_ _S_
_NS_L_D_	P_LL_ _S_D_	FL_N
_ NTR_M_S_S	CH_L_T_S	H_L_D_

Me gusta

Escoge la alternativa correcta en cada frase.

1. A Lourdes le **gusta/gustan/gustas** las hamburguesas.
2. ¿Te **apetece/apetecen/apetecemos** un café?
3. A mis padres no les **gusta/gustan/gustamos** el pescado.
4. A mí me **encanta/encantan/encanto** las papas fritas.
5. ¿No les **gusta/gustan/gustas** las zanahorias?
6. No me **apetece/apetecen/apetecemos** la comida india esta noche.

Escribe frases para describir las preferencias.

Por ejemplo: Gloria ✓✓✓

A Gloria le encantan el helado y la fruta.

✓✓✓ = encantar
✓✓ = gustar
✓ = apetecer

1. Manolo ✓  _____

2. Claudia y Julia ✓✓  _____

3. A mí ✓✓✓  _____

4. Tina ✓✓  _____

5. Alfonso ✓✓✓  _____

6. Ramón ✓  _____

¿Qué hay? Cuaderno 3

Problemas

Ejercicio 9

¿Qué se dice en las siguientes situaciones?

1. _____
2. _____
3. _____
4. _____
5. _____

Ejercicio 10

Empareja la primera parte de cada frase con la segunda parte más apropiada.

1. No pude entender el menú…
2. Pedí cordero…
3. Cuando me dieron el vaso para el agua…
4. El camarero me traía la sopa…
5. Yo quería pescado…
6. Tuve que esperar mucho tiempo…
7. Me dijo que el cocinero normal…
8. El nuevo cocinero no conocía la cocina…
9. Estaba tan enfadado…
10. Discutía con el camarero…

a. …vi que estaba sucio.
b. …y llevó mucho tiempo en preparar la comida.
c. …porque estaba en italiano.
d. …cuando llegó el jefe y me invitó a volver otro día para comer gratis.
e. …pero chocó con una mesa y la dejó caer al suelo.
f. …así que estaba muy enfadado con el camarero.
g. …pero me dieron carne.
h. …que no quise pagar.
i. …estaba enfermo.
j. …pero no había más.

Una receta mezclada

Ordena las instrucciones de esta receta correctamente.

Cómo hacer una tortilla española.

Ingredientes

3 papas grandes   Aceite de oliva
2 cebollas   Sal y pimienta
5 huevos

VOCABULARIO

la sartén   *frying pan*

a. Mezclar las papas y la cebolla con los huevos. ☐
b. Pelar las papas y la cebolla. ☐ 1
c. Cocinar la tortilla en un lado. ☐
d. Verterlo todo en una sartén. ☐
e. Freír las papas y la cebolla durante 20 minutos. ☐
f. Dar la vuelta a la tortilla para cocinarla en el otro lado. ☐
g. Picar las papas y la cebolla muy finas. ☐
h. Sazonar la mezcla. ☐

Servir la tortilla con pan y ensalada. ¡Que aproveche!

La vida sana
Las reglas del colegio

Ejercicio 1

Lee las reglas del colegio. Escríbelas en orden de importancia para ti.

a. No corras en el colegio. ☐
b. No comas en las aulas. ☐
c. Respeta a los profesores. ☐
d. No hables en la reunión. ☐
e. Apaga el celular durante las clases. ☐
f. Respeta a los otros estudiantes. ☐
g. Deposita los objetos de valor en la oficina del director. ☐
h. Llega puntualmente a las clases. ☐
i. No grites en el patio. ☐

Ejercicio 2

¿Las frases siguientes se refieren a qué regla del Ejercicio 1? Explica en inglés lo que tienes que hacer.

1. Hay que guardar silencio en el auditorio. ☐ _____
2. No debes consumir nada en el aula. ☐ _____
3. Si llevas mucho dinero al colegio, es mejor dárselo a las secretarias. ☐ _____
4. Es importante no tener el teléfono móvil encendido. ☐ _____
5. Hay que caminar por el colegio. ☐ _____
6. No debes hacer demasiado ruido afuera del colegio. ☐ _____
7. Es importante llegar a tiempo. ☐ _____
8. Debes tratar bien a los otros alumnos. ☐ _____
9. Hay que mantener buenas relaciones con los maestros. ☐ _____

Las reglas de la vida

Ejercicio 3

Completa las frases con la forma correcta del imperativo del verbo entre paréntesis. Usa la forma *tú*.

1. No (discutir) _____ con los padres.
2. No (gastar) _____ dinero en tonterías.
3. (Tratar) _____ bien a tus amigos y familiares.
4. (Respetar) _____ la propiedad de los demás.
5. No (perder) _____ tiempo en ocupaciones inútiles.

Ejercicio 4

Ahora escribe las 'reglas de la vida' del Ejercicio 3 de otra manera. Emplea frases como 'es importante...', 'hay que...', 'debes...', 'tienes que...'.

_____
_____
_____
_____
_____

Ejercicio 5

Y finalmente, inventa algunas reglas de la vida tuya. ¿Qué reglas son importantes para ti?

_____
_____
_____
_____
_____
_____

Las vacaciones

Lee el correo electrónico del amigo de Juan donde habla de lo que va a hacer. Luego contesta las preguntas.

Hola Juan,
¿Cómo estás? Aquí empiezan las vacaciones. Este año voy a pasar una semana en un pueblo de montaña con la familia de mi amigo Tomás. Vamos a viajar en carro con sus padres y su hermana. Durante la semana vamos a hacer algunas excursiones a los parques naturales que hay en la región. Tomás y yo vamos a bajar a la playa en bicicleta algún día. Y sus padres y su hermana van a hacer senderismo en la montaña. Nosotros vamos a pasarlo muy bien en la playa. Quizás vamos a jugar al criquet con otros amigos. Espero pasarlo bomba.
¿Qué vas a hacer tú durante las vacaciones?
Un abrazo de tu amigo
Raúl

VOCABULARIO
hacer senderismo — to go hiking

1. ¿Cuánto tiempo va a pasar de vacaciones Raúl?
   a. Siete días.
   b. Dos días.
   c. Quince días.
   d. Un mes.

2. ¿Con quién va a ir?
   a. Con Juan.
   b. Con la familia de Tomás.
   c. Con Raúl.
   d. Con su hermana.

3. ¿Cómo van a ir?
   a. En bicicleta.
   b. En carro.
   c. A pie.
   d. En tren.

4. ¿Qué sitio no va a visitar?
   a. La montaña.
   b. La playa.
   c. La ciudad.
   d. Los parques naturales.

5. ¿Cómo van a ir a la playa?
   a. En carro.
   b. En tren.
   c. A pie.
   d. En bicicleta.

6. ¿Qué van a hacer en la playa?
   a. Jugar al criquet.
   b. Hacer senderismo.
   c. Ir en carro.
   d. Caminar.

7. ¿Qué van a hacer los padres de Tomás?
   a. Jugar al criquet.
   b. Hacer senderismo.
   c. Ir en carro.
   d. Caminar.

8. ¿Qué espera?
   a. Pasarlo mal.
   b. Pasarlo muy bien.
   c. Pasarlo fatal.
   d. Pasarlo regular.

Unidad 12 La vida sana

La vida sana

Lee los consejos sobre cómo llevar una vida sana y complétalos usando las palabras en el cuadro. ¡Cuidado! Sobran palabras.

| vieja | carro | comer | antes | litros | después | frita | dormir |
| raciones | ejercicio | hablar | escalera | ascensor | teatro |

Es importante _____ al menos ocho horas al día, y mejor aún si te acuestas _____ de la medianoche.

_____ bien también es esencial. Debes tomar cinco _____ de fruta y legumbres al día y no comer mucha comida _____ ni azucarada.

Hay que beber dos _____ de agua al día.

Y finalmente, hacer _____ . Camina en vez de ir en _____ . Sube por la _____ y no en el _____ .

Completa estas frases con consejos apropiados.

1. Debes…
   _____

2. No debes…
   _____

3. Hay que…
   _____

4. Es importante…
   _____

5. No hay que…
   _____

sesenta y siete

El medio ambiente

¿Qué tenemos que hacer para proteger el medio ambiente? Empareja cada verbo con un sustantivo apropiado para escribir algunos consejos sobre el medio ambiente.

Usa frases como:

Hay que…   Necesitas…
Tienes que…   Es necesario…
Debes…

usar menos	ahorrar
usar más	cuidar
reducir	reutilizar
reciclar	apagar
conservar	

la electricidad	el carro
la basura	el transporte público
el papel	la energía
el plástico	la luz
el cartón	el aire acondicionado
el agua	las cosas empaquetadas
el vidrio	

Unidad 12 La vida sana

El mundo de los sueños – verbos regulares en el futuro

Todos queremos un mundo mejor. ¿Cómo será? Completa el texto con la forma correcta del futuro del verbo entre paréntesis.

1. Yo (reciclar) _____ el plástico.

2. Tú (usar) _____ menos el agua.

3. Mi padre (conservar) _____ energía.

4. Nosotros (apagar) _____ la luz.

5. Mis padres (comprar) _____ menos cosas empaquetadas.

6. Yo (usar) _____ más el transporte público.

7. Mi padre (reutilizar) _____ las bolsas de plástico.

8. Tú (reducir) _____ el uso del aire acondicionado.

9. Nosotros (reciclar) _____ el papel.

10. Todos (cuidar) _____ el medio ambiente.

sesenta y nueve

Hablando del futuro – verbos irregulares en el futuro

Es verdad que la vida cambiará mucho en los años venideros. ¿Cuáles son estos cambios? Escoge la forma correcta del verbo en el futuro en cada una de las frases siguientes. ¡Cuidado! Todos son verbos irregulares.

1. (Haber) _____ más energía limpia.
2. (Saber) _____ nosotros más sobre cómo curar las enfermedades.
3. Los robots (hacer) _____ las tareas domésticas.
4. Por ejemplo, los robots (poner) _____ la mesa.
5. Yo no (tener) _____ que hablar en voz alta.
6. La computadora (decir) _____ lo que pienso.
7. Nosotros no (salir) _____ mucho de casa para hacer las compras.
8. La compra (venir) _____ en automóviles sin conductor.
9. Nosotros (poder) _____ ir de vacaciones a la luna.
10. No sé si (querer) _____ una vida tan avanzada.

Unidad 12 La vida sana

Y finalmente...

CERTIFICADO

Que se otorga a ....
       por haber cumplido satisfactoriamente el
            curso de Español por tres años

Nombre ....

Apellido ....

Edad ....

Fecha de nacimiento ....

Nacionalidad ....

Dirección ....

Colegio ....

Profesor de español ....

Nombre: _____ lleva tres años estudiando
español y tiene un nivel excelente de español hablado y escrito.
Entiende bien el español hablado y escrito y sabe hablar y escribir muy bien.

¡FELICITACIONES!

setenta y uno

UNIVERSITY PRESS

Great Clarendon Street, Oxford, OX2 6DP, United Kingdom

Oxford University Press is a department of the University of Oxford. It furthers the University's objective of excellence in research, scholarship, and education by publishing worldwide. Oxford is a registered trade mark of Oxford University Press in the UK and in certain other countries

Text © Christine Haylett 2018
Original illustrations © Oxford University Press 2018

The moral rights of the authors have been asserted

First published by Nelson Thornes Ltd in 2008
This edition published by Oxford University Press in 2018

All rights reserved. No part of this publication may be reproduced, stored in a retrieval system, or transmitted, in any form or by any means, without the prior permission in writing of Oxford University Press, or as expressly permitted by law, by licence or under terms agreed with the appropriate reprographics rights organization. Enquiries concerning reproduction outside the scope of the above should be sent to the Rights Department, Oxford University Press, at the address above.

You must not circulate this work in any other form and you must impose this same condition on any acquirer

British Library Cataloguing in Publication Data
Data available

978-0-1984-2601-1

11

Printed in India by Multivista Global Pvt. Ltd.,

Paper used in the production of this book is a natural, recyclable product made from wood grown in sustainable forests. The manufacturing process conforms to the environmental regulations of the country of origin.

Acknowledgements

The publisher and authors would like to thank the following for permission to use photographs and other copyright material:

Cover: Rawpixel.com/Shutterstock; **p2(a):** Martin Froyda/Shutterstock; **p2(b):** RODRIGO ARANGUA/Getty Images; **p2(c):** Pyty/Shutterstock; **p2(d):** Sean Pavone/Shutterstock; **p2(e):** Jess Kraft/Shutterstock; **p2(f):** Filipe Frazao/Shutterstock; **p2(g):** Vladimir Krupenkin/Shutterstock; **p2(h):** CharlotteRaboff/Shutterstock; **p2(i):** Alice Nerr/Shutterstock; **p2(j):** Milosz Maslanka/Shutterstock; **p63:** Basilios1/iStockphoto.

Artwork by Mark Draisey, Mike Bastin, Tony Forbes, KJA, Roger Penwill, David Russell, Sarah Wimperis

Although we have made every effort to trace and contact all copyright holders before publication this has not been possible in all cases. If notified, the publisher will rectify any errors or omissions at the earliest opportunity.

Links to third party websites are provided by Oxford in good faith and for information only. Oxford disclaims any responsibility for the materials contained in any third party website referenced in this work.

The manufacturer's authorised representative in the EU for product safety is Oxford University Press España S.A. of El Parque Empresarial San Fernando de Henares, Avenida de Castilla, 2 – 28830 Madrid (www.oup.es/en or product.safety@oup.com). OUP España S.A. also acts as importer into Spain of products made by the manufacturer.